CHINESISCHES HOROSKOP

ZIEGE

KWOK MAN-HO

arsEdition

Ein Dorling-Kindersley-Buch

Senior Editor Sharon Lucas
Art Editor Camilla Fox
Managing Editor Krystyna Mayer
Managing Art Editor Derek Coombes
DTP Designer Doug Miller
Production Controller Antony Heller

Illustrationen: Danuta Mayer 4, 8, 11, 17, 27, 29, 31, 33, 35; Giuliano Fornari 21; Studio Illibill 25; Jane Thomson; Sarah Ponder.

Fotografien: Steve Gorton, Eric Crichton, Michael Crockett, Jo Foord, Dave King, David Murray, Stephen Oliver, Clive Streeter. Unser Dank gilt: The British Museum, Chinese Post Office, The Powell-Cotton-Museum, The Board of Trustees of the Victoria & Albert Museum.

Bildnachweise: The Fan Museum – Hélène Alexander Collection 19 o. r., 22 M. r.

Ins Deutsche übertragen von Barbara Steckhan
Printed and bound in Hong Kong

ISBN 3-7607-1165-0

INHALT

Die chinesische Astrologie

Seit Jahrtausenden bedienen sich die Chinesen der Astrologie und der Religion, um zwischen Mensch und Natur ein harmonisches Verhältnis herzustellen.

Der Ursprung der zwölf Tierkreiszeichen der chinesischen Astrologie – Ratte, Büffel, Tiger, Hase, Drache, Schlange, Pferd, Ziege, Affe, Hahn, Hund und Schwein – wird wohl für immer ein Rätsel bleiben. Dennoch haben diese Symbole eine tiefe Bedeutung. Sie stehen nicht nur für allgemeine Tendenzen eines Jahres und gute oder schlechte Zeiten, sondern gelten auch als Spiegelbilder des Universums.

Symbol von Yin und Yang
Weiß steht für die weibliche Kraft des Yin und Schwarz für die männliche des Yang.

Yin und Yang

All unsere Charakterzüge und Stimmungen, unser Gesundheitszustand und unser Schicksal sind Ausdruck übergeordneter Prozesse im Universum. Die Chinesen glauben, daß alle Lebewesen und Dinge im Universum durch die dynamischen kosmischen Kräfte von Yin und Yang im Gleichgewicht gehalten werden. Yin steht für das weibliche Prinzip, für Wasser, Kühle, Mond und Regen. Yang ist das maskuline Prinzip, das Feste, die Wärme, Sonne und Erde. Nach altem Glauben entstanden aus den konzentrierten Kräften von Yin und Yang die vier Jahreszeiten und aus ihrer Aufspaltung die Vielzahl von Geschöpfen auf Erden.

So werden auch die zwölf chinesischen Tierkreiszeichen entweder mit Yin oder mit Yang verbunden. Im Winter steigt der Einfluß von Yin, während sich mit dem herannahenden Frühling wieder die Kräfte des Yang durchsetzen. Auch der Lauf eines Tages wird vom ständigen Wechsel und vom

Zusammenspiel der beiden Pole beherrscht. Aber natürlich sind auch wir ihrem Einfluß unterworfen.

In jedem Menschen wirkt ein individuelles Kräfteverhältnis von Yin und Yang, das unsere Stimmungen, Pläne und Gesundheit bestimmt. Darüber hinaus reagieren wir auf äußere Einflüsse wie Wetter, Umgebung und Mitmenschen.

Die fünf Elemente

Alles, was wir berühren, sehen oder schmecken können, gehört zu einem der fünf Grundelemente – Holz, Feuer, Erde, Gold und Wasser.

Das Element Erde zum Beispiel wird dem Büffel, dem Drachen, der Ziege und dem Hund zugeordnet. Es repräsentiert die Farbe Gelb, süße Speisen und das Gefühl der Sehnsucht. Das Wirken der verschiedenen Elemente beeinflußt unser Schicksal.

Entdecken Sie Ihr Selbst

Die chinesische Astrologie kann Ihnen helfen, ein gesundes Gleichgewicht zwischen Ihrem Yin und Yang herzustellen. Sie zeigt Ihnen, welches Element Ihnen entspricht und welche Farbe, Geschmacksrichtung und welches Temperament und Körperteil Ihrem Zeichen zugeordnet sind. Aufgrund Ihrer Geburtsdaten – Jahr, Tag, Stunde – können Sie in Ihre Zukunft schauen.

Sie können herausfinden, welchen Leuten Sie sympathisch sind und welcher Beruf zu Ihrer Persönlichkeit paßt. Sie können Ihre Gefühlsschwankungen begreifen, ebenso Ihre Reaktionen auf neue Menschen und Umgebungen. Kurz gesagt: Sie erkennen, was Sie einzigartig macht.

Wahrsagestäbchen

Sehr beliebt ist in China auch die alte Wahrsagetechnik mit Stäbchen. Deren Deutung kann man in einem Orakelbuch nachlesen.

Ihr Horoskop

Im Gegensatz zum Kalender der westlichen Welt, der sich am Lauf der Sonne orientiert, richtet sich der chinesische Kalender nach dem Lauf des Mondes.

Zur Berechnung Ihres chinesischen Horoskops überprüfen Sie mit der Tabelle auf Seite 44 und 45 zunächst Ihr Geburtsjahr – vor allem, wenn Ihr Geburtstag in die ersten Monate des Jahres fällt. Das chinesische Jahr beginnt in der Regel erst im Januar oder Februar, und womöglich gehören Sie deshalb zum Vorjahr. Nicht jeder, der 1961 geboren ist, steht auch unter dem Einfluß des Büffels. Vielmehr gehören alle, die vor dem 15. Februar Geburtstag haben, zum Vorjahr, zum Jahr der Ratte.

Der Kreislauf von 60 Jahren

Die Chinesen messen die Zeit in Zyklen von 60 Jahren. Innerhalb dieser Spanne erscheinen fünfmal die zwölf chinesischen Tierkreiszeichen, allerdings jedesmal in leicht abgewandelter Form. Wenn Sie beispielsweise 1943 geboren sind, sind Sie eine Ziege in einer Schafherde; ist Ihr Geburtsjahr 1955, sind Sie eine Ziege, die Respekt genießt.

Monat, Tag und Stunde

Die zwölf Monate des chinesischen Kalenders lassen sich nicht mit den zwölf Monaten des westlichen Kalenders gleichsetzen, denn sie richten sich nach dem Lauf des Mondes und nicht nach dem der Sonne. In China hat ein Monat gewöhnlich 29 bis 30 Tage, und alle drei Jahre wird ein zusätzlicher Monat hinzugefügt, um mit der westlichen Kalenderrechnung Schritt zu halten. Eine chinesische Stunde entspricht zwei westlichen, und die zwölf chinesischen Stunden werden den zwölf Tierkreiszeichen zugeordnet.

Jahr, Monat und Stunde Ihrer Geburt sind die entscheidenden Faktoren in der chinesischen Astrologie. Sobald Sie sie berechnet haben, können Sie sich Ihr persönliches Horoskop erstellen.

Wasser

Erde | Gold

Holz | Yin

Feuer | Yang

Der chinesische Tierkreis

Um die Mitte, das Symbol von Yin und Yang, sind die chinesischen Schriftzeichen für die zwölf Tiere angeordnet. Der Farbstreifen symbolisiert deren Element, und der Außenring zeigt, ob sie Yin oder Yang angehören.

ZIEGE

MYTHEN UND LEGENDEN

EINER CHINESISCHEN LEGENDE ZUFOLGE WOLLTE DER JADEKAISER, DER HERRSCHER DES HIMMELS, DIE ZWÖLF INTERESSANTESTEN TIERE DER ERDE SEHEN. DIE ZIEGE ERHIELT DEN ACHTEN RANG.

Die Ziege gilt als Symbol für kindliche Ergebenheit, weil sich das Zicklein beim Säugen unter die Mutter kniet. Aber sie repräsentiert auch Yang, das männliche Prinzip. Yang ist gleichzeitig auch das chinesische Wort für Schaf. In China werden die beiden Gattungen oft als eine angesehen und Ziegen als »Bergschafe« bezeichnet. Um die Erde fruchtbarer zu machen, vergraben tibetische und mongolische Nomaden im Winter Schafsknochen. Außerdem glauben sie, daß deshalb im Frühling besonders viele Lämmer geboren werden.

Ziege aus der Han-Dynastie
Diese chinesische Tonfigur mit Bleiglasur stammt aus der Han-Dynastie (206 v.Chr.-220 n.Chr.)

Einer chinesischen Legende zufolge ritten fünf Zauberer auf Ziegen in die Stadt Kanton in Südchina. Jede Ziege trug einen Getreidehalm im Maul, ein Geschenk für die Bürger der Stadt, auf daß sie niemals Hunger leiden sollten. Kaum waren sie überreicht, da lösten sich die Zauberer in Luft auf, und die Ziegen wurden zu Stein. Noch heute nennt man Kanton oft die Stadt der Ziegen.

Die Ziege und der Tiger

Vor langer Zeit ging eine Ziege in den Wald und verspeiste froh und zufrieden das saftige Gras. Doch plötzlich stellte das dumme Tier fest, daß es sich verlaufen hatte.

Während es so voller Angst dahinwanderte, sprang plötzlich ein mächti-

Gefäß mit Ziegen
Dieses mit Grünspan überzogene Gefäß hat die Form von zwei Ziegen. Es stammt aus der Shang-Dynastie (1766–1122 v. Chr.).

ger Tiger aus dem Unterholz und packte die Ziege beim Nacken. Diese dachte fieberhaft nach. Schließlich fuhr sie den Tiger an: »Wie kannst du es wagen, mich anzugreifen?«

Überrascht ließ der Tiger sie zu Boden sinken, hielt sie jedoch mit seiner starken Pranke fest. »Was soll das heißen?« fragte der Tiger. »Warum sollte ich eine dumme Ziege wie dich nicht zum Mittagessen fressen?«

»Weil ich«, erklärte die Ziege, »vom Jadekaiser gerade zur Königin der Tiere ernannt worden bin.«

»Davon weiß ich ja gar nichts«, erwiderte der Tiger skeptisch.

»Dann bist du der einzige unter den Tieren«, behauptete die Ziege herausfordernd. »Folge mir, dann siehst du selbst, wie die anderen Tiere meine Anwesenheit begrüßen.«

Der Tiger war damit einverstanden. Als die Tiere des Waldes die Ziege mit dem Tiger im Gefolge sahen, stoben sie voller Angst vor dessen Kraft und Grausamkeit in alle Richtungen davon.

Der Tiger aber glaubte tatsächlich, sie würden vor der Ziege fliehen. Und so unterwarf er sich der Ziege als Königin der Tiere und ließ sie frei.

PERSÖNLICHKEIT

DIE FREUNDLICHE, GÜTIGE ZIEGE, DAS RUHIGSTE GESCHÖPF DER CHINESISCHEN TIERZEICHEN, HAT EIN SENSIBLES GESPÜR FÜR IHRE UMGEBUNG UND SCHÄTZT ALLES FEINE UND SCHÖNE.

Sie sind das gutmütigste und empfindsamste Zeichen des Tierkreises. Dank Ihrer Phantasie können Sie Ihre Umgebung – in der das Schöne überwiegen muß – nach Ihren Wünschen gestalten.

Handlungweise

Finanzieller Gewinn, Macht und Ansehen sind für Sie unbedeutend. Allerdings brauchen Sie finanzielle Sicherheit, um in Ihren künstlerischen Bestrebungen aufgehen zu können. Eine einmal erreichte Position versuchen Sie zu behalten.

Seelenleben

Tief im Innern sehnen Sie sich nach einem friedlichen Leben. Sie stellen keine Ansprüche an Ihre Mitmenschen und erwarten von denen das gleiche. In Ihnen wohnt eine starke Spiritualität, und das Leid anderer rührt Sie zu Herzen.

Trotz Ihres zurückhaltenden Wesens sind Sie charmant und un-

Drei Jadeziegen

Diese Plastik diente einem chinesischen Maler oder Kalligraphen im 17. Jahrhundert als Pinselhalter.

Glücksteller
Der Porzellanteller aus dem 16. Jahrhundert zeigt drei Ziegen, die in der chinesischen Mythologie als Glücksbringer gelten.

kompliziert. Sie neigen zu Tagträumerei und brauchen Schutz und eine starke Führung. Klatsch und Auseinandersetzungen widersprechen Ihrer Natur, denn Sie sehen bei anderen eher das Positive als das Negative, und Sie gelten als mitfühlend und versöhnlich.

Allerdings haben andere mit Ihrer Unentschlossenheit und Unpünktlichkeit zu kämpfen. Wenn man Sie kritisiert oder einen Ihrer Pläne durchkreuzt, treten Sie innerlich den Rückzug an und schmollen über die vermeindlichen Kränkungen.

Bewußt verletzen Sie niemanden, und wenn es doch geschieht, ist dies eher ein Resultat Ihrer Gedankenlosigkeit oder Tagträumerei.

Normalerweise gehen Sie offen, warmherzig und liebevoll auf andere zu, doch Sie brauchen auch das Gefühl, beschützt und uneingeschränkt akzeptiert zu werden.

Obwohl Sie in der Elternrolle gern die Konventionen außer acht lassen und Ihre Verantwortung vergessen, gefällt den Kindern Ihre unverkrampfte, phantasievolle Art.

Die Ziege als Kind

Die junge Ziege, die von Natur eher schüchtern ist, braucht Frieden und Verständnis, um ihre kreativen Talente zu entwickeln.

ZIEGE
LIEBE

DIE SENSIBLE ZIEGE LÄSST SICH ALLEIN VON IHREN NEIGUNGEN UND GEFÜHLEN LEITEN. IN DER LIEBE VERLANGT SIE VIEL, IST ABER AUCH BEREIT, IHR GANZES HERZ DAFÜR ZU GEBEN.

Sie scheuen sich, Ihre Gefühle zu zeigen, bis Sie sicher sind, daß sie erwidert werden. Trotz Ihrer Anpassungsfähigkeit muß Ihr Partner treu sein, Sie beschützen und Ihre materiellen und geistigen Bedürfnisse befriedigen. Manchmal wirken Sie im Gefühlsleben vielleicht zu fordernd, aber sobald Sie sich geborgen fühlen, können Sie auch mehr geben. Sie sind liebevoll, optimistisch und nur selten ängstlich oder eifersüchtig. Sie erwarten, daß sich Ihr Partner mit Ihren Schwächen arrangiert.

Am besten passen Sie zum Hasen oder zum Schwein. Mit dem Hasen teilen Sie das Bedürfnis nach Frieden, und seine liebevolle Art, seine Geduld und sein Organisationstalent ergänzen bestens Ihre Phantasie. Dem Schwein gefällt Ihre Kreativität und heitere Gelassenheit. Der Tiger teilt Ihren Humor und Ihr Bedürfnis nach Freiraum. Wie das Pferd lieben Sie die Unabhängigkeit, und an seiner Spontaneität haben sie Ihre Freude. Ihr Humor und Sinn für das Ungewöhnliche ergänzen sich mit der Lebhaftigkeit des Affen, doch hüten Sie

Die Göttin der Liebe
Kuan Yin, einst in der chinesischen Mythologie eine männliche buddhistische Gottheit, ist heute als Sun-tsu oder Göttin der Gnade bekannt, die Kindersegen schenkt.

Das Rad der Harmonie

Suchen Sie die Tierkreiszeichen, die vor dem gleichen farblichen Hintergrund abgebildet sind wie Ihres - die Ziege liegt in einem grünen Feld, paßt also am besten zu Schwein und Hase. Das Symbol im Zentrum steht für das Glück der Zweisamkeit.

sich davor, zu abhängig von ihm zu werden. Im Zusammensein mit einer Ziege fühlen Sie sich zwar wohl, doch gemeinsam werden Sie nur schwer mit den Anforderungen des Alltags fertig. Die Schlange schätzt Ihre Liebe zur Kunst, zumal auch sie einen entspannten, ungezwungenen Lebensstil bevorzugt.

Vom Drachen werden Sie immer wieder ermutigt, doch er kann leicht ungeduldig werden, wenn er dafür nicht Ihre uneingeschränkte Bewunderung erntet. Mit dem Büffel, Hund, Hahn oder der Ratte werden sie nur schwerlich eine dauerhafte Beziehung aufbauen können. Ihre Verträumtheit steht in krassem Widerspruch zum Realitätssinn des Büffels.

Dem von Ängsten geplagten Hund ist Ihre Verletzlichkeit zuviel, und der Hahn verlangt größere Aufmerksamkeit und moralische Unterstützung, als Sie zu geben vermögen. Die Ratte wird Ihnen kaum die nötige Sicherheit geben.

Orchidee

Lan Hua, die Orchidee, ist in China die Blume der Liebe und Schönheit. Als Fruchtbarkeitssymbol bedeutet sie reichen Kindersegen.

ZIEGE
BERUF

DIE ZIEGE HAT EIN AUSGEPRÄGTES GESPÜR FÜR INTRIGEN UND DRUCK AM ARBEITSPLATZ UND VERMEIDET INSTINKTIV ALLE KONFRONTATIONEN.

BRIEFBESCHWERER AUS BRONZE

Juwelenbesetzte Ziege
Die alte chinesische Bronzeziege ist mit kostbaren Juwelen besetzt. Vielleicht stammt die Plastik sogar aus der Hand einer Ziege, denn sie hat großes Talent für Kunsthandwerk.

MARMORIERTE FÜLLHALTER

Literarische Bestrebungen
Die Ziege ist mit einer lebhaften, fruchtbaren Phantasie ausgestattet, braucht jedoch genügend Freiraum, um sich auszudrücken. Deshalb ist sie in einer literarischen Laufbahn als Dichter, Literaturkritiker, Werbetexter oder Schriftsteller gut aufgehoben.

MANUSKRIPT

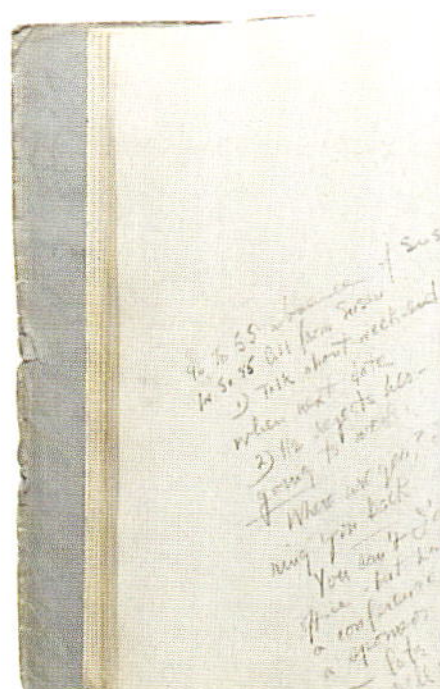

Künstler

Die Ziege reizt die Freiheit und Ungebundenheit des Künstlerlebens. Künstlerisch bemalt ist auch dieser chinesische Fächer aus dem 19. Jahrhundert. Er zeigt eine oft aufgegriffene Szene aus der Romanze »Shui Hu Chuan« (Die Wassergrenze) aus dem 14. Jahrhundert.

CHINESISCHER FÄCHER

STEP-SCHUHE

Darstellende Künste

Der Ziege ist vor allem daran gelegen, ihre Talente bis an die Grenze auszuschöpfen – eine gute Voraussetzung für die darstellenden Künste.

SCHEIN-WERFER

Theaterarbeit

Im Theater fühlt sich die Ziege sofort zu Hause. Bei der Arbeit an einem Schauspiel umgibt sie sich gern mit Gleichgesinnten, sei es als Autor, Darsteller oder Techniker.

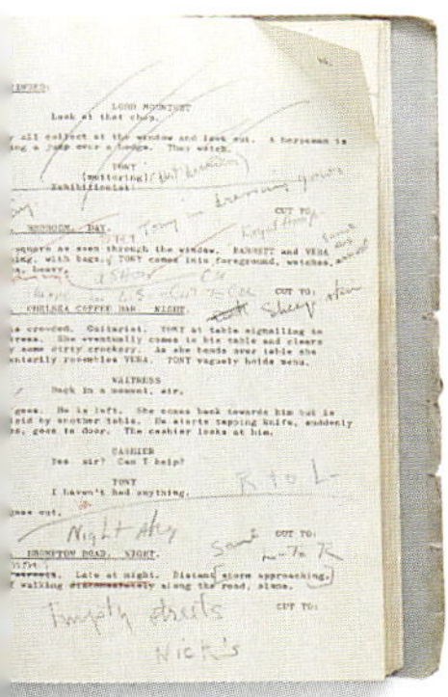

ZIEGE

GESUNDHEIT

YIN UND YANG SIND IM KÖRPER STÄNDIG IM FLUSS. DIE GESUNDHEIT DES MENSCHEN BERUHT AUF DEM HARMONISCHEN GLEICHGEWICHT ZWISCHEN DEN BEIDEN KRÄFTEN.

Der menschliche Körper wird von zwei Kräften beherrscht, die in uns fließen und die ein natürliches Mindest- und Höchstmaß nicht überschreiten dürfen: der Blutkreislauf, eine Yin-Kraft, und der Fluß der Körperenergie, das Ch'i, das dem Yang zugeordnet ist. Die geringste Verschiebung im Gleichgewicht von Yin und Yang im Körper kann unsere Gesundheit beeinträchtigen. Yang-Krankheiten lassen sich heilen, indem man Yin zuführt, und Krankheiten des Yin werden durch eine Yang-Therapie behandelt.

In jedem Menschen herrscht ein anderes Verhältnis von Yin und Yang. Meist hat ein temperamentvoller Mensch starke Yang-Kräfte, während ein friedlicher Mensch eher von Yin-Energien beseelt ist.

Bevor ein chinesisches Heilmittel verschrieben wird, muß die Stimmung des Patienten berücksichtigt werden. Denn auch Gefühle wie Freude, Zorn, Trauer, Fröhlichkeit, Sorge, Nachdenklichkeit und Angst sollten ausgewogen bleiben. Ist dies erreicht, spricht man von einer Harmonie der sieben Empfindungen.

Lingchih-Pilz
Auf dieser Schale aus der Ch'ing-Dynastie ist der »unsterbliche« Lingchih-Pilz abgebildet, ein Symbol für langes Leben.

Süßholzwurzel
Kaiser Sheng-nung hat diese nichttoxische Pflanze bereits vor 5000 Jahren als Heilmittel eingesetzt.

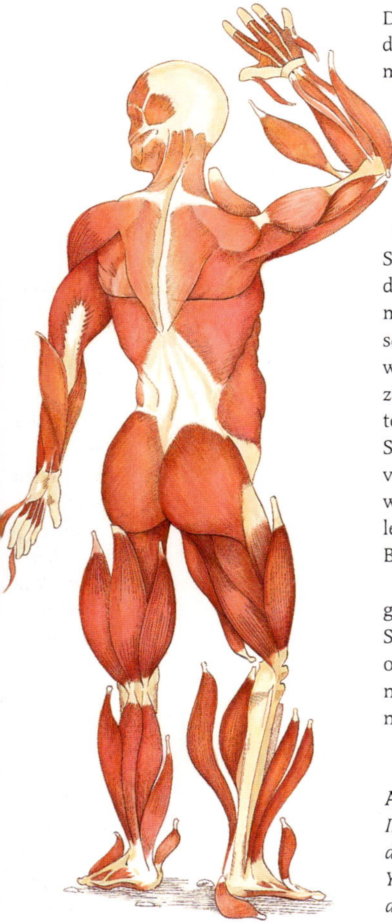

Dem im Jahr der Ziege Geborenen wird das Element Erde zugeordnet. Es steht mit der Milz und Bauchspeicheldrüse, dem Magen, den Muskeln und dem Mund in Verbindung. Diese Körperpartien haben entscheidenden Einfluß auf Ihre Gesundheit. Außerdem gehören zur Ziege das Gefühl der Sehnsucht, süße Speisen sowie das Süßholz (Glycyrrhiza glabra), eine der am häufigsten verordneten Heilmittel der chinesischen Medizin. Man schreibt ihm die Kraft zu, das Ch'i wiederherzustellen; die Milz, Halsentzündungen, Husten sowie Lebensmittel- und andere Vergiftungen zu heilen. Süßholzwurzel kann gemahlen als Pulver, als Pille oder gekocht verabreicht werden. Läßt man sie in Wasser quellen, ergibt die Flüssigkeit ein heilsames Bad für den Körper.

Die chinesische Medizin verlangt großes Können, deshalb sollten Sie Süßholz oder andere Heilpflanzen nicht ohne den Rat eines fachkundigen chinesischen oder westlichen Arztes einnehmen.

Astrologie und Anatomie

Ihr Element Erde beeinflußt das Verdauungssystem. Der Magen ist ein Yang-Organ, die Bauchspeicheldrüse ein Yin-Organ.

ZIEGE

HOBBYS

DIE ZIEGE MIT IHRER VERTRÄUMTHEIT BRAUCHT DAS ALLEINSEIN UND EINE FRIEDLICHE, HARMONISCHE UMGEBUNG, UM IHRE KÜNSTLERISCHEN INTERESSEN ZU VERFOLGEN.

ÖLFARBE FÜR MALER

Kunst

Die künstlerisch veranlagte Ziege liebt alle Arten von Malerei, insbesondere die mit Öl. Obwohl sie dem Besitz an sich keine Bedeutung beimißt, können ihr schön gestaltete Dinge wie dieser zart bemalte chinesische Fächer aus dem 19. Jahrhundert große Freude vermitteln.

CHINESISCHER FÄCHER

KÜNSTLERPINSEL

ESSZIMMER-
STUHL

Luxus im Heim

Exquisite Möbel wie dieser alte englische Eßzimmerstuhl oder der geschnitzte Holzlüster werden jede Ziege begeistern.

GESCHNITZTER
LÜSTER

BRONZE-
FIGUR

Yoga

Wettkampfsport ist der Ziege zuwider. Die größte Befriedigung zieht sie aus einsamen Sportarten wie Yoga, die ihr den passenden physischen und geistigen Ausgleich bieten.

Ziegenplastik

Diese chinesische Bronzeziege stammt aus der Shang-Dynastie (1766-1122 v.Chr.). Ihre verstümmelten Füße sind ein schlechtes Zeichen, da sich die Ziege nur ungern einschränken läßt.

YOGAMATTE

ZIEGE
SYMBOLE

JEDEM TIERKREISZEICHEN WIRD EINE BESTIMMTE SPEISE, HIMMELSRICHTUNG, FARBE, EMOTION, ASSOZIATION UND EIN EIGENES SYMBOL ZUGEORDNET.

GELBE CHINESISCHE SCHÜSSEL MIT MEDAILLON

Farbe

In China hat fruchtbare Erde eine gelbliche Färbung. Gelb ist die Farbe des Kaisers, die er als erster Sohn der Erde trägt. Es ist auch die Farbe der Ziege. Die gelbgrundige Schale aus der Ch'ing-Dynastie zeigt eine Ziege im späten Winter.

Speise

Die chinesische Astrologie kennt fünf Geschmacksrichtungen - salzig, scharf, bitter, sauer und süß. Zu der Ziege gehören süße Speisen wie Cashewnüsse.

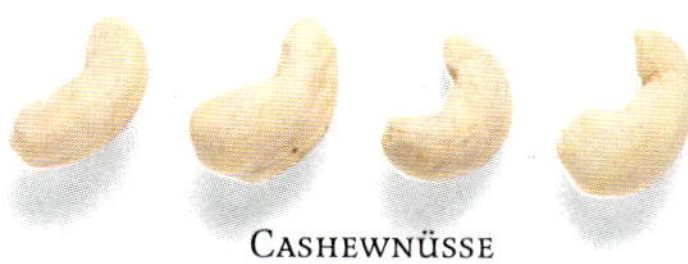

CASHEWNÜSSE

CHINESISCHER KOMPASS

STADTPLAN VON ROM

Himmelsrichtung

Anders als der westliche Kompaß, der nach Norden weist, zeigt der chinesische nach Süden. Er hat eine fünfte Himmelsrichtung, die Mitte, die der Ziege zugeordnet wird.

Assoziation

Mit der Ziege verbindet man Hauptstädte und Großstadtleben.

SENKBLEI

Symbol

Das Symbol der Ziege ist das Senkblei, mit dem man die Wassertiefe auslotet.

Emotion

Zur Ziege gehört das Gefühl der Sehnsucht.

DAS BABY HAT EINEN WUNSCH.

Die Ziege, die Respekt geniesst

1955 und 2015

Obwohl das Schicksal dieser Ziege nicht gerade gut gesinnt ist, kann sie sich durch grosse Anstrengungen Respekt und Erfolg verschaffen.

Sie haben den Eindruck, Ihr Leben würde voller Möglichkeiten stecken, doch realisiert werden können diese oft nur unter großen Mühen.

Jugend

In Ihrer Schulzeit, zu Beginn Ihres Berufslebens und in Ihrer Beziehung erleben Sie vielleicht gewisse Schwierigkeiten. Doch letztlich wird sich für die Ziege, die Respekt genießt, alles zum Guten wenden.

Durch harte Arbeit und sorgfältigen Einsatz Ihrer Kräfte können Sie sich Wohlstand erwerben, wenn Sie auch nicht gerade mit Reichtümern gesegnet sind.

Von Natur aus lehnt die Ziege alle Arten von Systemen ab. Regeln und Vorschriften, die sie einengen, sind ihr ein Greuel. Vergessen Sie nicht, daß Sie sich mit übertriebenen Reaktionen Schwierigkeiten oder sogar Feindschaften einhandeln.

Am besten erklären Sie offen, ehrlich und bescheiden, was Sie stört. So verschaffen Sie sich einen guten Ausgangspunkt für Erfolg und Wohlstand in späteren Jahren.

Karriere

Die Ziege spielt gern mit dem Gedanken, sich selbständig zu machen oder gar ein Geschäft zu gründen. Dabei kann sie aus einer Tätigkeit als Angestellte wahrscheinlich größeren Nutzen ziehen.

Die meisten Ziegen neigen schon beim kleinsten Anlaß zu übertriebener Sorge und können schnell in einen Zustand von Panik geraten. Das ist aber für jemand, der viel Verantwortung trägt, eine schlechte Voraussetzung.

Ziege, die Respekt genießt

Sie werden bald feststellen, daß selbständige Arbeit mit unerwartet großem Aufwand verbunden ist – nicht nur bei der Suche nach dem nötigen Kapital, sondern auch in der Anforderung an Ihre körperliche und geistige Kraft.

Familie

Die Familie spielt für Sie immer eine große Rolle, obwohl sie Ihnen nicht immer den nötigen Beistand leistet. Um sich Enttäuschungen zu ersparen, sollten Sie sich weder auf Ihre Eltern noch auf Ihre Kinder verlassen, sondern selbst das Ruder in die Hand nehmen.

Partnerschaft

Suchen Sie sich einen Partner, der Ruhe und Verläßlichkeit ausstrahlt. Außerdem sollte er in der Lage sein, Ihre Ängste und Enttäuschungen in einem realistischen Licht zu sehen. Wenn Sie in Ihrer Beziehung ein Gleichgewicht gefunden haben, können Sie sich eines erfolgreichen und glücklichen Lebens erfreuen.

Die einsame Ziege

1907 und 1967

Kleinliche Vorschriften und Autoritäten sind der Ziege ein Greuel, und sie erledigt die Dinge lieber allein. Die einsame Ziege wird ihrem Namen voll gerecht.

Sie sind ein Einzelkämpfer. Wie Ihr Symbol, der Stachel einer Biene, zeigt, lieben Sie den dramatischen, beeindruckenden Auftritt und suchen dann schnell das Weite, anstatt die Dinge auf sich zukommen zu lassen. Dadurch wirken Sie manchmal grob und beleidigend.

Persönlichkeit

Aufgrund Ihres unabhängigen Geistes genießt Ihr Urteil großes Vertrauen. An Streitgesprächen finden Sie Vergnügen, doch Ihre rebellische Natur nimmt dabei wenig Rücksicht auf andere. Ihnen geht es nicht um den reinen Punktgewinn, sondern Sie tragen das Gefecht bis zum Ende aus.

Da Sie wie alle Ziegen unter Ängsten leiden, sich leicht unsicher und isoliert fühlen, fällt Ihnen das Alleinsein manchmal schwer. Und so schwankt Ihre Stimmung oft zwischen himmelhoch jauchzend und zu Tode betrübt. Sind Sie eben noch begeistert von einem neuen Projekt, so zweifeln Sie am nächsten Tag an Ihrer Fähigkeit, es in Angriff zu nehmen.

Gegen diese lästigen Stimmungsschwankungen können Sie nicht mehr tun, als die Ruhe zu bewahren und sie nach besten Kräften unter Kontrolle zu halten. Wenn Sie mit zunehmender Reife und Erfahrung merken, daß die Dinge, die Sie in die Hand nehmen, auch klappen, werden Sie mehr Selbstvertrauen gewinnen.

Karriere

Weil Sie stets bereit sind, ein Risiko einzugehen, werden Sie auf finanzieller Ebene und im Berufsleben Erfolg ernten.

Einsame Ziege

Partnerschaft und Familie

Weil Sie sich zunächst auf Ihr eigenes Vorankommen konzentrieren, werden Sie eine feste Beziehung wahrscheinlich erst in fortgeschrittenem Alter eingehen und deutlich später als andere Kinder bekommen. Das ist eine weise Entscheidung, denn bis dahin sollten Sie Ihre Karriere und die Bedürfnisse Ihrer Familie in Einklang bringen können.

Sie suchen im Leben immer wieder die Grenzerfahrung. Deshalb werden sie vor allem von Ihren Kindern nicht so anerkannt, wie Sie es Ihrer Meinung nach verdient haben.

Die Ziege, die auf den Berg läuft

1919 und 1979

Als Ziege, die sich auf heimischem Gebiet befindet, können Sie sich leicht an die Umstände anpassen und fühlen sich auch unter extremen Bedingungen wohl.

Man assoziiert die Ziege, die auf den Berg läuft, mit dem Netz des Lebens. Das bedeutet, daß Sie die Dinge stets so nehmen, wie sie kommen und somit ein Lebenskünstler sind. Diesem verheißungsvollen Zeichen sollte eigentlich alles gelingen, was es sich erhofft.

Mit Ihrer hohen Anpassungsfähigkeit können Sie sich schnell in jede Lebens- und Arbeitssituation eingewöhnen. Wie es für die Ziege typisch ist, nehmen Sie Ihr Schicksal selbst in die Hand, wobei Ihnen Ihre Zielstrebigkeit zugute kommt.

Persönlichkeit

Sie zeichnen sich durch Ehrlichkeit und Zuverlässigkeit aus. Man kann stets auf Sie zählen, und Sie sprechen aus, was Sie denken, auch wenn es nicht unbedingt angenehm ist. Doch weil man Sie schätzt und Ihnen vertraut, können Sie auch in schwierigen Zeiten auf Hilfe rechnen.

Sie verfügen über eine große physische Präsenz und haben eine unwiderstehliche Anziehungskraft, die durch Ihre geschmackvolle Eleganz noch unterstrichen wird.

Karriere

In Situationen, die nach einer Diskussion, Klärung oder gar nach Konfrontation verlangen, übernehmen Sie oft die Führung. Weil Sie als integer gelten, schenkt man Ihrem Urteil mehr Gehör als dem der anderen.

Durch Ihre Unkompliziertheit, Ihr beeindruckendes Redevermögen und Ihre durchdachten Vorschläge gewinnen Sie die Achtung und Freundschaft Ihrer Vorgesetzten. Und so können Sie im Laufe der Jahre auf der Erfolgs-

Ziege, die auf den Berg läuft

leiter ein ganzes Stück nach oben klettern. Als Ziege im Glück werden Sie wahrscheinlich eine machtvolle Position und hohes Ansehen erreichen.

Freundschaft

Weil man sich in Ihrer Gesellschaft wohlfühlt, werden Sie viele treue Freunde finden. Allerdings brodeln unter Ihrer fröhlichen und lockeren Oberfläche oft Sorgen und Spannungen, die Sie Ihren Freunden nicht verheimlichen sollten.

Aussichten

Wenn Sie der Natur Ihres Wesens treu bleiben, können Sie ein langes, zufriedenes Leben genießen. Die Dinge fallen Ihnen meist in den Schoß.

Obwohl Sie unter Ihrem ruhigen, überzeugenden Auftreten bisweilen von Spannungen und Ängsten geplagt werden, gelingt es Ihnen immer wieder, dies vor anderen zu verbergen.

Manchmal allerdings kann es auch nicht schaden zu zeigen, wie einem zumute ist.

Die wohlhabende Ziege

1931 und 1991

Obwohl dieses Zeichen grosses Glück verheisst, kommen höchstwahrscheinlich nur die weiblichen Ziegen dieser Jahrgänge in den Genuss des Wohlstands.

Dem Erfolg und den Errungenschaften, die Ihnen das Schicksal verheißt, stehen Ihre Neigung zu Trauer und Pessimismus im Wege.

Besonders der älteste Sohn einer Familie wird, wenn er im Zeichen der wohlhabenden Ziege geboren ist, im Leben häufig Schwierigkeiten begegnen.

Weibliche Merkmale

Durch den Yin-Einfluß kann sich die weibliche wohlhabende Ziege tatsächlich auf ein reiches Leben freuen. Ihr Wunsch, sich hervorzutun, findet genügend Gelegenheit zum Ausdruck, und so entwickelt sie eine starke Persönlichkeit.

Männliche Merkmale

Diese starke Persönlichkeit finden wir auch im Mann, nur muß er wegen des Yang-Einflusses Enttäuschungen hinnehmen. Schwierigen Aufgaben begegnet er mit Zögern, was seinem beruflichen Aufstieg nicht gerade förderlich ist. Erfolg wird er erst spät im Leben ernten.

Hinzu kommen Probleme mit der Verwandtschaft – besonders der älteste Sohn der Familie findet sich oft in Auseinandersetzungen mit seinen Eltern oder Geschwistern verwickelt und liegt mit seiner Familie viele Jahre lang im Streit.

Um Kummer zu vermeiden, sollten Ihre Angehörigen und Sie räumlichen Abstand zueinander halten, bevor Sie sich wieder schätzen und mögen lernen.

Verlieren Sie jedoch nie die Fähigkeit, sich Ihre Gefühle ehrlich einzugestehen, und denken Sie vor allem daran, daß andere Menschen auch Gefühle haben.

Wohlhabende Ziege

Partnerschaft

Wie allen Ziegen sind Ihnen Konflikte verhaßt. Sie verzeihen rasch und sind stets bemüht, Wunden schnell wieder zu heilen und Konflikte zu lösen – ein Charakterzug, der sich auf Ihr Privatleben förderlich auswirkt. Und so sollten Sie eine glückliche Beziehung voll tiefer Befriedigung genießen können.

Aussichten

Alle wohlhabenden Ziegen, auch die erfolgreichen Frauen, werden wahrscheinlich unter Angst vor der Zukunft leiden. Doch Sie werden erkennen, daß diese unbegründet ist. Ihre Beziehungen werden gestärkt, so daß Sie ein gesichertes und zufriedenes Alter erleben.

Die Ziege in einer Schafherde

1943 und 2003

Als einzige Ziege in einer Herde von Schafen scheinen Sie vom Glück begünstigt, doch leider ist diese Sonderstellung oft mit Problemen verbunden.

Weil Sie unter anderen Menschen hervorstechen, sollten Sie darauf achten, anderen ein Beispiel zu geben. Ihr Zeichen wird mit fehlerfreiem Verhalten assoziiert, das Befriedigung und womöglich auch Belohnung einbringt.

Persönlichkeit

Als Ziege laufen Sie Gefahr - oder haben Sie den Vorteil - auszusprechen, was Sie denken. Sie schlagen unkonventionelle Wege ein und nehmen Ihr Leben selbst in die Hand. All dies kann bei anderen den Eindruck erwecken, Sie seien schroff und taktlos.

Allzu leicht lassen Sie sich zu einem Wortschwall oder Streitgespräch verleiten, ohne über die Materie Bescheid zu wissen oder die Gefühle der anderen zu berücksichtigen. Deshalb sind Sie nicht immer beliebt.

Dabei versteckt sich unter der schroffen Oberfläche eine liebenswerte Person. Eigentlich möchten Sie niemanden vor den Kopf stoßen und tun für andere oft alles. Ihre mildtätige Ader führt Sie vielleicht in einen wohltätigen Beruf im Wohlfahrtswesen, doch Sie werden dafür kaum angemessenes Lob und Anerkennung ernten.

Grämen Sie sich nicht darüber. Achten Sie vielmehr darauf, Ihre scharfe Zunge im Zaum zu halten. Dann werden Ihre Mitmenschen mit der Zeit die liebenswerte Seite Ihrer Persönlichkeit schätzen lernen.

Jugend

Aufgrund Ihrer widersprüchlichen Natur werden Sie in den Jugendjahren mit Schwierigkeiten zu kämpfen haben und sich den Erfolg hart erarbeiten müssen.

Ziege in einer Schafherde

Partnerschaft

Das gleiche gilt für die ersten Jahre Ihrer Partnerschaft. Sie müssen mit einigen Aufregungen fertigwerden und lernen, sich auf den anderen einzulassen, ihm zu vertrauen und seine Meinung zu respektieren.

Entscheiden Sie sich für einen Partner, der sich von Ihren Gefühlsausbrüchen nicht aus der Ruhe bringen läßt, sondern Sie ermutigt, sie auszuleben. Betrachten Sie Ihre Beziehung nicht als selbstverständlich, sondern als eine täglich neue Herausforderung, der Sie sich gerne stellen.

Aussichten

Der Konflikt zwischen Ihrer schroffen Natur und Ihrem Engagement für die Unterprivilegierten wird zwangsläufig zu Schwierigkeiten führen. Seien Sie in Ihrem Verhalten etwas höflicher und verbindlicher. Im Laufe der Zeit werden Sie dafür Ihren Lohn bekommen.

Ihr chinesischer Geburtsmonat

Sehen Sie in der Tabelle Ihres Geburtsjahres nach, in welchen Monat Ihr Geburtstag fällt. Wenn Sie zum Beispiel am 30. August 1955 geboren wurden, ist es der 7. chinesische Monat.

1 Man schätzt Sie für Ihre Redegewandtheit. Wenn Sie sich vor Arroganz hüten, ist Ihnen der Erfolg sicher.

2 Aufgrund Ihrer vielfältigen Talente können Sie in eine hohe Position aufsteigen. Freuen Sie sich über Ihr Schicksal.

3 So unangenehm Ihnen Befehlsausführung ist, so wenig streben Sie nach Verantwortung.

4 Sie sind ein hart arbeitender Einzelkämpfer. Das kann egoistisch wirken – seien Sie kooperativer.

5 Allzu rasch springen Sie von einem Projekt zum nächsten. Suchen Sie sich einen verläßlichen, geduldigen Partner.

6 Sie sind beliebt und erfolgreich. Ohne daß Sie sich anstrengen müssen, fällt Ihnen das Glück in den Schoß.

7 Die Ihnen eigene Ehrbarkeit und verläßliche Freundschaft werden im Laufe der Zeit ihren Lohn finden.

8 Ein entschlossener, fröhlicher und hart arbeitender Mensch wie Sie muß im Laufe der Zeit einfach Erfolg haben.

9 Als Perfektionist sind Sie oft zu streng mit sich selbst und anderen. Lernen Sie die Dinge lockerer anzugehen.

10 Sie sind intelligent, aber auch nachtragend. Glücklich werden Sie nur, wenn Sie Ihre Rachsucht aufgeben.

11 Trotz Ihrer liebenswerten Persönlichkeit neigen Sie zum Zaudern. Hören Sie auf den Rat der anderen.

12 Kontrollieren Sie Ihre Neigung zu Egoismus und Rachsucht, so daß Ihr Mitgefühl Oberhand gewinnt.

* Einige Jahre enthalten Doppelmonate:

1919: 7. Monat
27. Juli – 24. Aug.
25. Aug. – 23. Sept.

1955: 3. Monat
24. März – 21. April
22. April – 21. Mai

1979: 6. Monat
24. Juni – 23. Juli
24. Juli – 22. Aug.

1907	
13. Feb. - 13. März	1
14. März - 12. April	2
13. April - 11. Mai	3
12. Mai - 10. Juni	4
11. Juni - 9. Juli	5
10. Juli - 8. Aug.	6
9. Aug. - 7. Sept.	7
8. Sept. - 6. Okt.	8
7. Okt. - 5. Nov.	9
6. Nov. - 4. Dez.	10
5. Dez. - 3. Jan. 1908	11
4. Jan. - 1. Feb.	12

1919	
1. Feb. - 1. März	1
2. März - 31. März	2
1. April - 29. April	3
30. April - 28. Mai	4
29. Mai - 27. Juni	5
28. Juni - 26. Juli	6
*Siehe Kasten »Doppelmonate«	7
24. Sept. - 23. Okt.	8
24. Okt. - 21. Nov.	9
22. Nov. - 21. Dez.	10
22. Dez. - 20. Jan. 1920	11
21. Jan. - 19. Feb.	12

1931	
17. Feb. - 18. März	1
19. März - 17. April	2
18. April - 16. Mai	3
17. Mai - 15. Juni	4
16. Juni - 14. Juli	5
15. Juli - 13. Aug.	6
14. Aug. - 11. Sept.	7
12. Sept. - 10. Okt.	8
11. Okt. - 9. Nov.	9
10. Nov. - 8. Dez.	10
9. Dez. - 7. Jan. 1932	11
8. Jan. - 5. Feb.	12

1943	
5. Feb. - 5. März	1
6. März - 4. April	2
5. April - 3. Mai	3
4. Mai - 2. Juni	4
3. Juni - 1. Juli	5
2. Juli - 31. Juli	6
1. Aug. - 30. Aug.	7
31. Aug. - 28. Sept.	8
29. Sept. - 28. Okt.	9
29. Okt. - 26. Nov.	10
27. Nov. - 26. Dez.	11
27. Dez. - 24. Jan. 1944	12

1955	
24. Jan. - 21. Feb.	1
22. Feb. - 23. März	2
*Siehe Kasten »Doppelmonate«	3
22. Mai - 19. Juni	4
20. Juni - 18. Juli	5
19. Juli - 17. Aug.	6
18. Aug. - 15. Sept.	7
16. Sept. - 15. Okt.	8
16. Okt. - 13. Nov.	9
14. Nov. - 13. Dez.	10
14. Dez. - 12. Jan. 1956	11
13. Jan. - 11. Feb.	12

1967	
9. Feb. - 10. März	1
11. März - 9. April	2
10. April - 8. Mai	3
9. Mai - 7. Juni	4
8. Juni - 7. Juli	5
8. Juli - 5. Aug.	6
6. Aug. - 3. Sept.	7
4. Sept. - 3. Okt.	8
4. Okt. - 1. Nov.	9
2. Nov. - 1. Dez.	10
2. Dez. - 30. Dez.	11
31. Dez. - 29. Jan. 1968	12

1979	
28. Jan. - 26. Feb.	1
27. Feb. - 27. März	2
28. März - 25. April	3
26. April - 25. Mai	4
26. Mai - 23. Juni	5
*Siehe Kasten »Doppelmonate«	6
23. Aug. - 20. Sept.	7
21. Sept. - 20. Okt.	8
21. Okt. - 19. Nov.	9
20. Nov. - 18. Dez.	10
19. Dez. - 17. Jan. 1980	11
18. Jan. - 15. Feb.	12

1991	
15. Feb. - 15. März	1
16. März - 14. April	2
15. April - 13. Mai	3
14. Mai - 11. Juni	4
12. Juni - 11. Juli	5
12. Juli - 9. Aug.	6
10. Aug. - 7. Sept.	7
8. Sept. - 7. Okt.	8
8. Okt. - 5. Nov.	9
6. Nov. - 5. Dez.	10
6. Dez. - 4. Jan. 1992	11
5. Jan. - 3. Feb.	12

2003	
1. Feb. - 2. März	1
3. März - 1. April	2
2. April - 30. April	3
1. Mai - 30. Mai	4
31. Mai - 29. Juni	5
30. Juni - 28. Juli	6
29. Juli - 27. Aug.	7
28. Aug. - 25. Sept.	8
26. Sept. - 24. Okt.	9
25. Okt. - 23. Nov.	10
24. Nov. - 22. Dez.	11
23. Dez. - 21. Jan. 2004	12

Ihr chinesischer Geburtstag

Zunächst stellen Sie mit Hilfe der Tabelle auf Seite 37 den Beginn Ihres chinesischen Geburtsmonats fest, dann errechnen Sie anhand der hier abgebildeten Tabelle Ihren Geburtstag.

Wenn Sie am 5. Mai 1967 geboren wurden, fällt Ihr Geburtstag in den chinesischen Monat, der am 10. April beginnt. Suchen Sie unten in der Tabelle die 10. Zählen Sie von hier die Tage bis zu Ihrem Geburtstag. Bedenken Sie, daß nicht alle Monate 31 Tage haben. In unserem Beispiel sind Sie am 26. Tag des chinesischen Monats geboren. Sind Sie in einem Doppelmonat geboren, zählen Sie einfach die Tage vom ersten Tag Ihres Geburtsmonats.

1	2	3	4	5	6	7
8	9	10	11	12	13	14
15	16	17	18	19	20	21
22	23	24	25	26	27	28
29	30	31				

1., 10., 19. oder 28. Tag
Sie sind zuverlässig und verlangen viel von sich und anderen, neigen aber zu übertriebener Eile. Lassen Sie Vorsicht walten, und denken Sie nicht nur an sich. Vielleicht kommen Sie unverhofft zu Geld, trotzdem sollten Sie gut haushalten. Beruflich stehen Sie gern in der Öffentlichkeit.

2., 11., 20. oder 29. Tag
Sie sind aufrichtig und allgemein beliebt. Obwohl Sie Ruhe lieben, brauchen Sie den Umgang mit Menschen. Sie können das Leben genießen und machen das Beste daraus. Ihnen steht eine literarische oder künstlerische Karriere offen.

3., 12., 21. oder 30. Tag
Sie besitzen eine rasche Auffassungsgabe, gelten aber als schwierig, was manche Leute abschreckt. Sie sind sehr diszipliniert, kämpfen für die Wahrheit und können sich in allen Berufen mit Wettbewerbscharakter profilieren.

4., 13., 22. oder 31. Tag
Sie sind sehr warmherzig, wirken aber oft reserviert und unnahbar. Wenn Sie mehr aus sich herausgehen und kontaktfreudiger werden, können Sie bald neue Freunde gewinnen. Ihre ruhige, geduldige Art prädestiniert Sie für eine Karriere als Akademiker oder Wissenschaftler.

5., 14. oder 23. Tag
Ihre hitzköpfige Art und Ihre Sturheit hindern Sie oft daran, auf die Vorschläge oder Meinungen anderer einzugehen. Das führt nicht selten zu Streitereien und Problemen. In Geldangelegenheiten haben Sie eine glückliche Hand, nicht selten investieren Sie Ihre Gewinne in neue Projekte. Mit Ihrer angeborenen Intelligenz sind Sie auch hohen beruflichen Anforderungen gewachsen.

6., 15. oder 24. Tag
Sie haben ein offenes, heiteres Wesen und sind seelisch gefestigt. Ihr reiches Gefühlsleben fördert die Neigung zu Tagträumen. Das schafft gelegentlich Verwirrung, und Ihre Hilfsbereitschaft wird leicht durch Unentschlossenheit gelähmt. Obwohl Ihnen großer Reichtum versagt bleibt, haben Sie immer genug zum Leben.

7., 16. oder 25. Tag
Gegen ein wenig Aufregung haben Sie nichts einzuwenden, aber Sie müssen lernen, realistischer und disziplinierter zu sein. Auch als geborener Entertainer, dem kaum etwas verübelt wird, sollten Sie sich hüten, Ihre Freunde vor den Kopf zu stoßen. Im Beruf ist Ihnen Reisen wichtiger als die Höhe des Gehalts oder ein hoher Lebensstandard.

8., 17. oder 26. Tag
Sie besitzen ein gutes Urteilsvermögen, sollten aber nicht überstürzt handeln. Gelegentlich mangelt es Ihnen an Taktgefühl und Einfühlungsvermögen: Bemühen Sie sich, mehr auf andere einzugehen. Sie lernen Armut, aber auch Reichtum kennen. Ihr Unabhängigkeitsstreben, Ihre Ruhe und Entschlossenheit qualifizieren Sie für einen freien Beruf.

9., 18. oder 27. Tag
Sie sind mit Glück, Optimismus und Warmherzigkeit gesegnet. In Ihrem Tatendrang lassen Sie sich nicht von trivialen Problemen bremsen. Gelegentlich suchen Sie unnötig Streit. Bemühen Sie sich also, Ihre Launen zu mäßigen. Am besten machen Sie sich als Chef Ihrer eigenen Firma selbständig.

Ihre chinesische Geburtsstunde

Eine chinesische Stunde entspricht zwei Stunden westlicher Zeit. Jeder Doppelstunde wird eines der zwölf Tierkreiszeichen zugeordnet.

23.00–1.00 Uhr: Ratte
Sie sind unabhängig und haben ein hitziges Temperament. Überlegen Sie sorgfältig, was Sie sagen. Ihre Sparsamkeit ist im Geschäftsleben ebenso nützlich wie im Haushalt. Sie helfen gern Ihren Freunden, und diese werden es Ihnen danken.

1.00–3.00 Uhr: Büffel
Bis zum Alter von 20 Jahren könnte Ihr Leben schwierig verlaufen, aber nach dieser harten Anfangsphase haben Sie mehr Glück. Im Berufsleben sollten Sie bereit sein, Wagnisse einzugehen, wenn Sie Ihr Ziel erreichen wollen. Im Alter ist Ihnen Wohlstand beschieden.

3.00–5.00 Uhr: Tiger
Sie sind lebhaft und kreativ, was in jungen Jahren zu Familienstreitigkeiten führen kann. Zwischen dem zwanzigsten und vierzigsten Lebensjahr können Probleme auftreten. Doch danach wird sich das Glück wieder zu Ihrem Vorteil wenden.

5.00–7.00 Uhr: Hase
Ihre Eltern stehen zu Ihnen, aber mit den Geschwistern kann es zu Rivalitäten kommen. Vielleicht müssen Sie, um beruflich voranzukommen, in eine andere Stadt ziehen, fern von Freunden und Familie. Feste Beziehungen entwickeln sich langsam. Ab der Lebensmitte kommen Sie mit Ihren Mitmenschen viel besser aus.

7.00–9.00 Uhr: Drache
Sie sind aufgeweckt, entschlußfreudig und ziehen andere Menschen an. Obwohl Sie mitten im Leben stehen, fühlen Sie sich manchmal einsam. Ihr übersteigertes Selbstbewußtsein könnte sich ungünstig auf Ihre Beziehungen auswirken. Sie erreichen einen hohen Lebensstandard.

9.00–11.00 Uhr: Schlange

Mit Ihrem Talent fürs Geschäftsleben fällt es Ihnen leicht, Karriere zu machen und Ihre Familie zu ernähren. Sie sind überaus großzügig und helfen bereitwillig Ihren in Not geratenen Freunden. Achten Sie darauf, daß Unstimmigkeiten innerhalb der Familie immer schnell bereinigt werden.

11.00–13.00 Uhr: Pferd

Sie sind aktiv, klug und hartnäckig. Schlagen Sie gute Ratschläge nicht in den Wind. Sie reisen gern und lieben Abwechslung. Ein allzu extravagantes Leben könnte Sie jedoch in finanzielle Schwierigkeiten bringen.

13.00–15.00 Uhr: Ziege

Aufgrund Ihrer großen Aktivität fällt es Ihnen schwer, stabile Beziehungen zu Angehörigen, Freunden und Partnern aufzubauen. Trotz Ihrer Intelligenz dürfen Sie anderen nicht Ihre Meinung aufzwingen. In mittleren Jahren macht sich das Glück etwas rar.

15.00–17.00 Uhr: Affe

Sie geben das Geld ebenso schnell aus, wie Sie es verdienen. Sie haben eine große Anziehungskraft, aber Sie können auch Enttäuschungen bereiten. Vielleicht haben Sie von Ihren Eltern nicht genug Unterstützung erhalten. Ihre Partnerschaft ist in der Regel gut. Versuchen Sie, eventuelle Probleme möglichst schnell zu lösen.

17.00–19.00 Uhr: Hahn

Als Jugendlicher haben Sie oft Streit mit Ihrer Familie. Manchmal entsteht dadurch eine tiefe Kluft, die sich jedoch mit der Zeit sicher wieder schließen läßt. Sie sind zuverlässig, freundlich und warmherzig und würden nie absichtlich jemanden verletzen.

19.00–21.00 Uhr: Hund

Mit Ihrem Mut, Können und Fleiß sind Sie der ideale Freiberufler, und Sie werden vermutlich eine vielversprechende Karriere machen. Allerdings sollten Sie sich vor Ungeduld und Eitelkeit hüten. Lebensqualität wird Ihnen immer wichtiger sein als finanzielles Vermögen.

21.00–23.00 Uhr: Schwein

Ihre besondere Begabung liegt im Handwerklichen, und Sie stellen an sich selbst immer die höchsten Anforderungen. Trotz Ihrer Warmherzigkeit beschränkt sich Ihr Freundeskreis auf wenige Menschen. Wer Ihnen nahesteht, genießt jedoch Ihr uneingeschränktes Vertrauen. Sie sind leicht in Rage zu bringen, vergeben und vergessen aber auch schnell.

Ihr Schicksal im Lauf der Jahre

Nicht in jedem Jahr des Tierkreises geht es der Ziege gleich gut. Sie sollten sich auf die positiven Aspekte konzentrieren und dem scheinbar Negativen mit Vorsicht begegnen.

Jahr der Ratte

Erfolg stellt sich ein, wo Sie ihn am wenigsten erwarten, und vielleicht zahlt es sich im Jahr der Ratte sogar finanziell aus. Da es auch in Ihrem Privatleben zum Besten steht, werden Sie in diesem Jahr sehr glücklich sein.

Jahr des Büffels

Dafür ist das Jahr des Büffels von Streit, Auseinandersetzungen und unablässigen Kämpfen bestimmt. Leider können Sie gegen diese unangenehme Aneinanderreihung von negativen Erlebnissen nichts anderes tun, als den Kopf über Wasser zu halten.

Jahr des Tigers

Ihre Karriere macht große Fortschritte, und auch im Familienleben steht alles zum Besten. Lassen Sie sich von kleineren Mißgeschicken und Krankheiten im Jahr des Tigers nicht aus der Ruhe bringen.

Jahr des Hasen

Dieses Jahr steht Ihnen ein finanzieller Erfolg ins Haus. Da Sie aber auch weiterhin vor Mißgeschicken und Krankheiten nicht sicher sind, sollten Sie sich in acht nehmen und besonders auf Ihre körperliche und seelische Gesundheit achten.

Jahr des Drachen

Daß Sie keine Anstrengung scheuen, läßt sich nicht leugnen. Doch so sehr Sie sich auch bemühen und was immer Sie auch anpacken – im Jahr des Drachen läuft einfach nichts nach Plan, und Sie werden nur wenig Erfolg haben. Doch auch so ein Jahr geht zu Ende.

Jahr der Schlange

Im Jahr der Schlange geht es mit Ihrer beruflichen Karriere stetig bergauf. Sorgen Sie dafür, daß Sie die Gelegenheiten, die sich Ihnen bieten, beim Schopfe fassen und sofort in Taten umsetzen. Damit ernten Sie Erfolg und Anerkennung.

Jahr des Pferdes

Das Jahr des Pferdes ist von Glück und Festlich-keiten bestimmt. Sie brauchen nichts anderes zu tun, als die zahlreichen Feiern dieser Zeit aus vollem Herzen zu genießen. Ihnen ist ein Jahr der Freude und des Erfolgs beschieden.

Jahr der Ziege

Ausgerechnet im Jahr Ihres eigenen Zeichens erleben Sie unruhige Zeiten. Die besten Ergebnisse stellen sich ein, wenn Sie die Menschen und Gegebenheiten genau beobachten, nichts überstürzen und sich einen konkreten Plan zurechtlegen.

Jahr des Affen

Auch wenn Sie es nach dem vorangegangenen Jahr nicht glauben wollen, bringt das Jahr des Affen für die Ziege besonderes Glück. Und so werden Sie in allen Bereichen des Lebens Erfolg haben. Genießen Sie ihn, und machen Sie das Beste daraus.

Jahr des Hahns

Dies wird ein Jahr voller scheinbar aussichtsloser Streitigkeiten und Auseinandersetzungen. Sie müssen nicht nur mit schmerzlichen Störungen des Familienlebens fertigwerden, sondern auch beruflich kämpfen.

Jahr des Hundes

Im Jahr des Hundes scheint sich nichts zu Ihrem Vorteil auszuwirken, und besonders Ihre Familie bereitet Ihnen Probleme. Wenn Sie aber die Ruhe bewahren und genügend Selbstvertrauen zeigen, lösen sich alle Schwierigkeiten mit der Zeit von selbst.

Jahr des Schweins

Die Tendenz des letzten Jahres setzt sich anscheinend im Jahr des Schweins fort – nichts ist sicher und alles in Bewegung. Wenn Sie jedoch Bedacht walten lassen und Ihre Freunde sorgfältig auswählen, sollten Sie doch noch Erfolg ernten.

Ihr chinesisches Geburtsjahr

Ihr Tierkreiszeichen richtet sich nach Ihrem chinesischen Geburtsjahr. Dieses ist der wichtigste Schlüssel zum chinesischen Horoskop.

In der linken Spalte der Tabelle ist Ihr Geburtsjahr nach dem westlichen Kalender verzeichnet. In der rechten Spalte derselben Zeile finden Sie Ihr chinesisches Tierkreiszeichen. Achten Sie jedoch auf den Jahresbeginn in der mittleren Spalte der Tabelle, wenn Sie in den ersten Monaten des Jahres geboren sind.

Beispiel: Sie sind 1968 geboren, vermutlich also im Jahr des Affen; liegt Ihr Geburtstag jedoch vor dem 30. Januar, gehören Sie in das Jahr der Ziege.

1900	31. Jan. - 18. Feb. 1901	Ratte
1901	19. Feb. - 7. Feb. 1902	Büffel
1902	8. Feb. - 28. Jan. 1903	Tiger
1903	29. Jan. - 15. Feb. 1904	Hase
1904	16. Feb. - 3. Feb. 1905	Drache
1905	4. Feb. - 24. Jan. 1906	Schlange
1906	25. Jan. - 12. Feb. 1907	Pferd
1907	13. Feb. - 1. Feb. 1908	Ziege
1908	2. Feb. - 21. Jan. 1909	Affe
1909	22. Jan. - 9. Feb. 1910	Hahn
1910	10. Feb. - 29. Jan. 1911	Hund
1911	30. Jan. - 17. Feb. 1912	Schwein
1912	18. Feb. - 5. Feb. 1913	Ratte
1913	6. Feb. - 25. Jan. 1914	Büffel
1914	26. Jan. - 13. Feb. 1915	Tiger
1915	14. Feb. - 2. Feb. 1916	Hase
1916	3. Feb. - 22. Jan. 1917	Drache

1917	23. Jan. - 10. Feb. 1918	Schlange
1918	11. Feb. - 31. Jan. 1919	Pferd
1919	1. Feb. - 19. Feb. 1920	Ziege
1920	20. Feb. - 7. Feb. 1921	Affe
1921	8. Feb. - 27. Jan. 1922	Hahn
1922	28. Jan. - 15. Feb. 1923	Hund
1923	16. Feb. - 4. Feb. 1924	Schwein
1924	5. Feb. - 23. Jan. 1925	Ratte
1925	24. Jan. - 12. Feb. 1926	Büffel
1926	13. Feb. - 1. Feb. 1927	Tiger
1927	2. Feb. - 22. Jan. 1928	Hase
1928	23. Jan. - 9. Feb. 1929	Drache
1929	10. Feb. - 29. Jan. 1930	Schlange
1930	30. Jan. - 16. Feb. 1931	Pferd
1931	17. Feb. - 5. Feb. 1932	Ziege
1932	6. Feb. - 25. Jan. 1933	Affe
1933	26. Jan. - 13. Feb. 1934	Hahn

1934	14. Feb. – 3. Feb. 1935	Hund
1935	4. Feb. – 23. Jan. 1936	Schwein
1936	24. Jan. – 10. Feb. 1937	Ratte
1937	11. Feb. – 30. Jan. 1938	Büffel
1938	31. Jan. – 18. Feb. 1939	Tiger
1939	19. Feb. – 7. Feb. 1940	Hase
1940	8. Feb. – 26. Jan. 1941	Drache
1941	27. Jan. – 14. Feb. 1942	Schlange
1942	15. Feb. – 4. Feb. 1943	Pferd
1943	5. Feb. – 24. Jan. 1944	Ziege
1944	24. Jan. – 12. Feb. 1945	Affe
1945	13. Feb. – 1. Feb. 1946	Hahn
1946	2. Feb. – 21. Jan. 1947	Hund
1947	22. Jan. – 9. Feb. 1948	Schwein
1948	10. Feb. – 28. Jan. 1949	Ratte
1949	29. Jan. – 16. Feb. 1950	Büffel
1950	17. Feb. – 5. Feb. 1951	Tiger
1951	6. Feb. – 26. Jan. 1952	Hase
1952	27. Jan. – 13. Feb. 1953	Drache
1953	14. Feb. – 2. Feb. 1954	Schlange
1954	3. Feb. – 23. Jan. 1955	Pferd
1955	24. Jan. – 11. Feb. 1956	Ziege
1956	12. Feb. – 30. Jan. 1957	Affe
1957	31. Jan. – 17. Feb. 1958	Hahn
1958	18. Feb. – 7. Feb. 1959	Hund
1959	8. Feb. – 27. Jan. 1960	Schwein
1960	28. Jan. – 14. Feb. 1961	Ratte
1961	15. Feb. – 4. Feb. 1962	Büffel
1962	5. Feb. – 24. Jan. 1963	Tiger
1963	25. Jan. – 12. Feb. 1964	Hase
1964	13. Feb. – 1. Feb. 1965	Drache
1965	2. Feb. – 20. Jan. 1966	Schlange
1966	21. Jan. – 8. Feb. 1967	Pferd
1967	9. Feb. – 29. Jan. 1968	Ziege
1968	30. Jan. – 16. Feb. 1969	Affe
1969	17. Feb. – 5. Feb. 1970	Hahn
1970	6. Feb. – 26. Jan. 1971	Hund

1971	27. Jan. – 14. Feb. 1972	Schwein
1972	15. Feb. – 2. Feb. 1973	Ratte
1973	3. Feb. – 22. Jan. 1974	Büffel
1974	23. Jan. – 10. Feb. 1975	Tiger
1975	11. Feb. – 30. Jan. 1976	Hase
1976	31. Jan. – 17. Feb. 1977	Drache
1977	18. Feb. – 6. Feb. 1978	Schlange
1978	7. Feb. – 27. Jan. 1979	Pferd
1979	28. Jan. – 15. Feb. 1980	Ziege
1980	16. Feb. – 4. Feb. 1981	Affe
1981	5. Feb. – 24. Jan. 1982	Hahn
1982	25. Jan. – 12. Feb. 1983	Hund
1983	13. Feb. – 1. Feb. 1984	Schwein
1984	2. Feb. – 19. Feb. 1985	Ratte
1985	20. Feb. – 8. Feb. 1986	Büffel
1986	9. Feb. – 28. Jan. 1987	Tiger
1987	29. Jan. – 16. Feb. 1988	Hase
1988	17. Feb. – 5. Feb. 1989	Drache
1989	6. Feb. – 26. Jan. 1990	Schlange
1990	27. Jan. – 14. Feb. 1991	Pferd
1991	15. Feb. – 3. Feb. 1992	Ziege
1992	4. Feb. – 22. Jan. 1993	Affe
1993	23. Jan. – 9. Feb. 1994	Hahn
1994	10. Feb. – 30. Jan. 1995	Hund
1995	31. Jan. – 18. Feb. 1996	Schwein
1996	19. Feb. – 6. Feb. 1997	Ratte
1997	7. Feb. – 27. Jan. 1998	Büffel
1998	28. Jan. – 15. Feb. 1999	Tiger
1999	16. Feb. – 4. Feb. 2000	Hase
2000	5. Feb. – 23. Jan. 2001	Drache
2001	24. Jan. – 11. Feb. 2002	Schlange
2002	12. Feb. – 31. Jan. 2003	Pferd
2003	1. Feb. – 21. Jan. 2004	Ziege
2004	22. Jan. – 8. Feb. 2005	Affe
2005	9. Feb. – 28. Jan. 2006	Hahn
2006	29. Jan. – 17. Feb. 2007	Hund
2007	18. Feb. – 6. Feb. 2008	Schwein